Adventsfeuer

Adventsfeuer

24 wärmende Getränke und Geschichten

ALLPART MEDIA

ISBN 978-3-86214-038-1

© 2011 Genehmigte Lizenzausgabe für die Allpart Media GmbH
Die deutsche Originalausgabe erschien 2011 unter dem Titel
"Sternentau" im Fona Verlag AG, CH-5600 Lenzburg

Konzept und Gestaltung: FonaGrafik, Stefanie von Däniken
Umschlaggestaltung: Grafik & Design Rosa Wellhöfer · Augsburg

Fotos: Claudia Albisser Hund

Druck: Druckerei Uhl, Radolfzell

Ein Verlagsverzeichnis schicken wir Ihnen gern:
ALLPART MEDIA GmbH, Neue Grünstr. 18, 10179 Berlin
Tel. 018 05/30 99 99 (0,14 €/Min., Mobil max. 0,42 €/Min.)

Die Bücher der ALLPART MEDIA werden vertrieben von der
Eulenspiegel Verlagsgruppe. **www.allpart-verlag.de**

Inhalt

Vorwort 11
Genug ist nicht genug 12

1. Dezember Schlehenpunsch 14
2. Dezember Espresso mit Chilischaum 16
3. Dezember Glühwein 18
4. Dezember Zitronengras-Gewürztee 20
5. Dezember Ingwerpunsch mit Zitrone 22
6. Dezember Cassispunsch 24
7. Dezember Weiße Schokolade 26
8. Dezember Rosenblütentee 28
9. Dezember Heiße Gewürzlimonade 30
10. Dezember Gewürzchai 32
11. Dezember Mangomix 34
12. Dezember Gersten-Krafttrunk 36
13. Dezember Bananen-Kiwi-Smoothie 38
14. Dezember Kaffee mit Zimtschaum 40
15. Dezember Grüner Gewürztee 42
16. Dezember Eierlikör-Punsch 44
17. Dezember Lavendelpunsch 46
18. Dezember Grapefruitsirup mit Safran 48

19. Dezember Heiße Schokolade 50
20. Dezember Passionsfrucht-Punsch 52
21. Dezember Rosenblütenlassi 54
22. Dezember Haselnussdrink 56
23. Dezember Rooibos-Vanille-Chai 58
24. Dezember Weihnachtspunsch 60

Es ist alles da 62

Schokoladenknusperli 64
Nusssterne 64
Sternschnuppen 64
Rosinentau 65
Schoko-Datteln 65
Schokoladeherzen 66
Pfefferkugeln 66
Schneeflocken 67
Mailänderli 67

Vorwort

Dieses Buch ist ein Adventskalender. Sie bestimmen selbst, wie Sie ihn anwenden wollen. Denn es gibt nicht nur eine Art, ihm seine Geschenke zu entlocken.

Das tägliche Ritual, sich eine genussvolle Getränkpause zu gönnen, kann etwas Ruhe in die oft eher hektischen Tage bringen. Die Getränke-rezepte sind mehrheitlich so einfach, dass man sich selbst oder die Familie, die Freunde oder die Arbeitskollegen mit einem vorweihnächtlichen Getränk verwöhnen kann. Manchmal wird man allein genießen, dann wieder in geselliger Runde. Die Rezepte sind im Prinzip für vier Personen bzw. Tassen berechnet; manchmal ist eine Teemischung oder ein Sirup aber auch gleich für mehrere Aufgüsse gedacht. Schön verpackt ergeben sich daraus kleine Geschenke, die nachhaltig Wärme spenden.

An einigen Tagen ist zum Getränk dazu auch ein unkompliziertes Rezept für ein Weihnachtsgebäck hinten im Buch zu finden. Wer Lust hat zu backen, wird in kürzester Zeit feine Sterne, Herzen oder Kugeln zaubern können.

Es wird aber auch Tage geben, an denen man nicht Lust haben wird, in der Küche zu stehen. Die kurzen Texte erzählen von Pinas Advents-Abenteuer. Sie können ein Anstoß sein, sich selbst etwas Zeit zu schenken, um auf eigene Entdeckungsreisen zu gehen. Vielleicht können Sie nach dieser Adventszeit Ihre eigene Geschichte erzählen – und wenn niemand zuhören mag: Erzählen Sie sie sich selbst.

Genug ist nicht genug

Pina freut sich nicht mehr so richtig am Leben. Vielleicht hat sie schon alles erlebt, was die Erde zu bieten hat, sagt sie sich, denn sie kann sich nichts vorstellen, was sie noch wirklich überraschen könnte. Ein Tag ist wie der andere – da kann sie lange die schönsten Blumen vor dem Fenster haben, den besten Milchkaffee kochen und die interessantesten Bücher kennen. Pina freut sich zwar an all den angenehmen Dingen, an den Festzeiten und am feinen Brot, sie erzählt ihren Nachbarskindern die schönsten Geschichten und könnte nichts nennen, was ihr wirklich fehlte. Tief drin weiß sie: Jeder Tag ist wie eine Katze, die zu ihren Füßen schnurrt und gestreichelt werden will. Guter Tag, danke, Leben, danke, danke…

Aber Pina ist müde. Wie wäre es, wenn sie morgens einmal liegen bliebe, die Vorhänge gar nicht öffnete, einfach wieder eintauchen würde in die Welt des Schlafs, die einen gar nicht richtig merken lässt, dass das Herz voller Sehnsucht ist. Voller Sehnsucht nach der Heimat, vermutet Pina, die natürlich auch schon darüber nachgedacht hat. Denn sie lebt nicht in dem Land, in dem sie geboren wurde. Das hat sie lange Zeit gar nicht gestört. Es hat nichts anderes gegeben, als sich in der neuen Umgebung zurecht-zufinden, weil es keinen Weg dahin zurück gab. Die Seite ist aus dem Landkartenbuch herausgerissen worden, so dass die wenigsten noch wissen, dass es je existiert hat. Da sind nur noch ihre Erinnerungen, die dann und wann auftauchen. Und die sie mit niemandem teilen kann. Je mehr Zeit sich zwischen damals und heute legt, desto schöner erscheint ihr, was uner-reichbar geworden ist.

Aber es spielt im Grunde genommen keine Rolle, wo Pina ist. Die Müdig-keit ist das Problem. Sie hat keine Lust mehr auf all die Menschen und ihre immer gleichen Geschichten. Sie hat keine Lust mehr auf sich und ihre

Erinnerungen, die so dürftig sind, dass sie ihr die besten Dinge vorenthalten, nämlich die, die ihr heute etwas nützen würden. Es wäre doch spannend, die Sprache der Tiere wieder zu verstehen. Oder der Geschichte eines Baumes von Anfang bis Ende zuhören zu können, ohne dabei von den eigenen schnellen Gedanken ständig unterbrochen zu werden. Und wenn Menschen, dann – anders, nicht diese Schlagzeilen-Gespräche! Nur eigentümlich, trotz ihrem Sehnen kann Pina sich nicht daran erinnern, wie es gewesen ist, als die Welt mit den Menschen noch in Ordnung war.

Auf einmal ist dieser Satz da: «Vielleicht, liebe Pina, kannst du dich nicht daran erinnern, weil es nicht eine Sehnsucht nach der Vergangenheit ist, sondern eine Sehnsucht nach etwas, was erst werden wird und noch in der Zukunft liegt.» Erst allmählich versteht sie, was das bedeuten würde – und sie wird hellwach. Dann würde es ja irgendwann etwas Neues geben, etwas, was sie wirklich glücklich machen würde – und es wäre nichts mit Liegenbleiben und Die-Vorhänge-nicht-Öffnen. Dann hätte sie ja etwas vor sich und könnte sich noch nicht verabschieden.

Es ist Ende November. Ein früher Wintereinbruch hat die Erde mit einer feinen Schneedecke zugedeckt. Pinas Lebensgeister sind geweckt. Wenn es noch etwas wirklich Neues zu erleben gibt, wenn irgendwo ein weiteres Abenteuer auf sie wartet, dann ist sie mit dabei. Sie ist bereit, auch wenn sie nicht weiß, was es sein wird.

1.
Dezember

Als Erstes entdeckt Pina die Ehrlichkeit, die sich neben sie setzt. Sie ist ein Spiegel, in dem man die eigene Wahrheit sieht, aber zugleich ist es, als ob ein liebevolles Wesen einen aus tiefstem Grund anschauen würde. «Pina, du bist eine kluge Frau. Aber alle Klugheit hilft dir nichts, wenn es um die Freude des Herzens geht», sagt die Ehrlichkeit. «Ja», sagt Pina, «du hast recht.» «Manchmal steht dir das Wissen, wie die Dinge sein sollen, direkt im Weg.» «Auch da magst du recht haben.» «Lege die Hände auf dein Herz und frage es, was ihm fehlt», sagt die Ehrlichkeit.

Schlehenpunsch

1 l Schwarz- oder Rooibostee
½ l Schlehensaft
5 EL Zitronensaft
2 EL Rohrohrzucker, nach Belieben
5 TL Sanddornsirup
Zitronenscheiben für die Garnitur

Tee und Schlehensaft in einem Topf vor den Siedepunkt erhitzen. Zitronensaft, Zucker und Sirup beigeben. Mit Zitronenscheiben garnieren.

Rezept Schokoladenknusperli S. 64

Das Herz von Pina liegt klein und geduckt etwas oberhalb des Brustbeins und hat gelernt, nicht zu viel Aufhebens zu machen. Pina mag es nicht besonders, wenn das Herz sich regt. Denn zugleich spürt sie dann meistens einen unsäglichen Schmerz, so dass sie am liebsten weinen würde. Aber nun, unter ihren warmen Händen, ist es, als ob ihr Herz zu atmen begänne. Es dehnt sich etwas aus, und für einen kurzen Moment wird Pina unerwartet leicht zumute.

Espresso mit Chilischaum

4 Tassen Espresso
4 EL mexikanischer Gewürzsirup
1 dl/100 ml Rahm/Sahne
1 TL Chilipulver
1 Eigelb

Mexikanischer Gewürzsirup

½ l Wasser
100 g Rohrohrzucker
200 g weißer Zucker
1 Chilischote, längs halbiert und entkernt
2 EL Koriandersamen
1 EL zerdrückte schwarze Pfefferkörner
1 Zimtstange

Für den Gewürzsirup Wasser und Zucker bei schwacher Hitze auf die Hälfte einkochen lassen. Restliche Zutaten zugeben, aufkochen, in eine Flasche mit Schraubverschluss füllen. Wenn möglich 2 Wochen an einem dunklen Ort ziehen lassen.

Ein Drittel des Rahms steif schlagen. Restlichen Rahm aufkochen, mit dem Chilipulver unter das Eigelb rühren, über dem heißen Wasserbad mit dem Schneebesen aufschlagen, bis die Masse bindet. Schlagrahm in einer Schüssel unter die Eigelbmasse ziehen.

Espressi zubereiten und mit dem Gewürzsirup süßen. Schaum darüber verteilen, im vorgeheizten Backofen bei 220 °C kurz überbacken.

3.
Dezember

«Was fehlt dir, mein Herz?», fragt Pina.
«Ich würde gern bei dir zu Hause sein»,
sagt das Herz leise. «Ich habe eine weite Reise hinter mir. Und du hast
gar nicht bemerkt, dass ich da bin.»
«Wo kommst du denn her?», fragt Pina.
«Lass uns ein Stück gehen. So lässt sich leichter reden», sagt das Herz.

Glühwein

½ l kräftiger Rotwein
2 dl/200 ml Wasser
1 Orange und/oder
1 Zitrone, in Scheiben
1 Orange oder Zitrone, Saft
1 Zimtstange
3 Gewürznelken
1 Sternanis
etwas Macis, nach Belieben
2 EL Akazien- oder Orangenblütenhonig oder
Rohrohrzucker

Rotwein, Wasser, Orangen-/Zitronenscheiben und
Gewürze aufkochen. Topf von der Wärmequelle nehmen,
Glühwein zugedeckt 15 Minuten ziehen lassen.
Abseihen. Orangen- oder Zitronensaft zugeben, süßen.
Heiß genießen.

4.
Dezember

Draußen ist es kalt und grau. Unvorstellbar, dass ein neuer Frühling dieses gefrorene Land jemals wieder in eine Braut mit duftendem Schleier verwandeln wird. Pina schneidet von einem Kirschbaum einen Zweig. Sie wird ihn zu Hause ins Wasser stellen. Unvorstellbar, dass bis Weihnachten aus diesen kleinen, unscheinbaren Knospen Blüten treiben sollen.

Zitronengras-Gewürztee

1 l Wasser
1 Zitronengrasstängel, aufgeschnitten
1 Msp frisch geriebener Ingwer
10 Kardamomkapseln, zerstoßen
6 schwarze Pfefferkörner, zerstoßen
½ Zimtstange
1 EL klein geschnittenes Süßholz
1 EL getrocknete Minze
½ unbehandelte Zitrone, abgeriebene Schale und Saft

Zutaten ohne Zitronensaft mit dem Wasser aufkochen, etwa 8 Minuten köcheln lassen. Minze in einen Krug geben, mit dem Gewürzwasser übergießen, 5 Minuten ziehen lassen, abseihen. Zitronensaft zugeben, nach Belieben süßen.

Rezept Nusssterne S. 64

5.

Dezember

Oben auf dem Hügel reißt die Nebeldecke auf und der Abendhimmel flammt leuchtend rot und orange. «Die Engel backen für Weihnachten», hört sie ihren Großvater sagen, und sie mag diese Vorstellung: Sie sieht den großen Ofen, den die Engel eingeheizt haben und in den sie nun all die feinen Zimtsterne und Schokoladenherzen schieben. Sie haben viel zu tun, denn es gibt für jeden Menschen auf der Erde ein süßes Himmelsgebäck.

Ingwerpunsch mit Zitrone

1 l Wasser
1 TL fein gehackter, frischer Ingwer
½ Zitrone, in Scheiben
½ Zitrone, Saft
Honig oder Ahornsirup zum Süßen

Wasser und Ingwer aufkochen, 3 Minuten leicht köcheln lassen, Zitronenscheiben zugeben, weitere 2 Minuten köcheln lassen, abseihen. Zitronensaft zugeben, mit Honig süßen.

6.
Dezember

P ina trinkt die Farben des glühenden Winterhimmels mit den Augen –
ihr ist, als ob ihr Herz mittrinken würde. Die Sonne hat sich nicht gezeigt,
aber in ihr drin beginnt es zart zu leuchten. Ihr wird wohlig warm in der
Brust. «Ich bin wie eine leere Schale, die sich nach wärmendem Licht sehnt»,
sagt das Herz.

Cassispunsch

4 dl / 400 ml Cassissaft
4 dl / 400 ml Apfelsaft
7 dl / 700 ml Wasser
½ Zitrone, in Scheiben
4 Gewürznelken
2 Sternanis
1 Zimtstange

Zutaten aufkochen, auf der ausgeschalteten Wärmequelle zugedeckt
ziehen lassen, abseihen.

Rezept Sternschnuppen S. 64

7.
Dezember

Am Waldrand sieht Pina einen abgerissenen Vogelflügel im Schnee liegen. Sie weiß in dem Augenblick, dass es endgültig vorbei ist mit der Fluchtfliegerei. Wie praktisch das bisher gewesen ist: In unangenehmen Situationen ist sie einfach innerlich abgehauen, irgendwohin, so dass sie das Harte und Schmerzhafte nicht wirklich hat spüren müssen.

Weiße Schokolade – Schneesturm

3 dl / 300 ml Wasser
½ l Milch
120 g weiße Schokolade, grob gehackt
1 Briefchen Bourbon-Vanillezucker
4 Vanilleschoten, nach Belieben, zum Servieren
(Vanille danach trocknen lassen und wieder verwenden)

Wasser und Milch unter Rühren erwärmen. Topf von der Wärmequelle nehmen. Weiße Schokolade und Vanillezucker zugeben, Schokolade unter Rühren schmelzen. Vanilleschoten längs aufschneiden, in 4 große Becher oder Milchkaffeeschalen stellen. Heiße weiße Schokolade dazugießen.

8.
Dezember

«Das ist ja nicht zum Aushalten!», meint sie.
«Es hat etwas mit deiner Wachheit zu tun», sagt das Herz. «Wenn du träumend deine Tage verbringst, bleibt in Wirklichkeit nichts als Schaum und Alptraum. Was immer geschieht: Bleib da! Und lass dich überraschen von dem, was passiert. Keine Angst, ich bin ja bei dir.»

Rosenblütentee

2 EL getrocknete Rosenblütenblätter
1 l Wasser
Honig oder Rohrohrzucker, nach Belieben

Rosenblütenblätter in einen Teekrug mit Deckel füllen. Wasser vor dem Siedepunkt von der Wärmequelle nehmen und über die Rosenblütenblätter gießen. Den Deckel aufsetzen, damit die ätherischen Öle nicht flüchten können. 5 Minuten ziehen lassen, nach Belieben süßen.

Rezept Rosinentau S. 65

« Ich habe große Angst vor dem Schmerz, den die Wirklichkeit für mich bereithält», sagt Pina. «Die Selbstsucht der Menschen. Die Härte der Welt. Das ohnmächtig Ausgeliefertsein all diesem Unbekannten, das in mir drin lauert...» – «Was weh tut, liegt in der Vergangenheit. Sein Anklopfen an deiner Tür tut weh», antwortet ihr Herz. «Entfache in dir ein wärmendes Feuer, setze einen Tee auf – öffne dem ungebetenen Gast deine Tür. Frage ihn, was er dir bringt. Der Schmerz mag heftig sein, aber wenn du ihn umarmst, ist sein Schicksal besiegelt: Er wird sich allmählich auflösen.»

Heiße Gewürzlimonade

1 l Wasser
150 g Zucker
1 Briefchen Bourbon-Vanillezucker
1 Prise Gewürznelkenpulver
1 dl/100 ml Zitronensaft, frisch gepresst
3 dl/300 ml Orangensaft, frisch gepresst

Wasser, Zucker, Vanillezucker und Gewürznelkenpulver aufkochen, 5 Minuten ziehen lassen. Zitronen- und Orangensaft zufügen, erhitzen, nicht kochen.

Rezept Schoko-Datteln S. 65

10.
Dezember

«« Unter dem Mantel des Schmerzes liegt ein Geschenk verborgen», sagt das Herz. «Und da die Sehnsucht nach diesem Verborgenen so groß ist, gibt es keinen anderen Weg als den, der mitten in den Schmerz hineinführt. Du wirst den Weg nicht im Nachdenken darüber finden. Er wird sich, wenn du dich entschieden hast, von allein vor deine Füße legen.»

Gewürzchai

Chai-Mischung
1 EL Anissamen, 3 EL Fenchelsamen
1 EL Süßholz, zerkleinert
1 EL Kardamomsamen, zerstoßen
1 TL schwarze Pfefferkörner, zerstoßen
1 Zimtstange, grob zerkleinert
1 TL Gewürznelken

1 l Wasser
1–2 EL Chai-Mischung
1 Msp fein gehackter frischer Ingwer
Rohrohrzucker, nach Belieben
2 dl / 200 ml Milch oder Reismilch

Wasser, Gewürzmischung und Ingwer aufkochen, bei schwacher Hitze zugedeckt 10 bis 15 Minuten köcheln lassen. Abseihen. Mit Zucker und Milch servieren.

11.
Dezember

P ina merkt, dass die Angst wie ein tödliches Gift für ihren Mut ist. «Sag der Angst, dass sie lügt!», flüstert das Herz. «Stell dich vor sie hin und sag ihr das ins Gesicht. ‚Du lügst!' Beobachte, was mit ihr passiert. Die Angst mag die Wahrheit nicht.»

Mangomix

1 reife Mango
3 dl / 300 ml Buttermilch
2 dl / 200 ml frisch gepresster Orangensaft
1 EL Sanddornsirup
Honig, nach Belieben

Mango schälen, Fruchtfleisch vom Stein schneiden.
Alle Zutaten fein pürieren.

12.
Dezember

Pina vertraut ihrem Herzen. Sie hat nichts zu verlieren – so kann sie sich ruhig auf das Experiment einlassen. Auf dem Markt kauft sie Orangen und Zitronen, wohlriechende Gewürze wie Kardamom und Zimt, sie räuchert die Räume mit Zedernharz und lässt Rosenöl seinen betörenden Duft verströmen. Das Licht der Kerzen erhellt die dunklen Winkel.

Gersten-Krafttrunk

2 l kaltes Wasser
2 EL Gerstenkörner
½ Zimtstange
wenig frischer Ingwer
1 l Apfelsaft
1 Zitrone, Saft
2 EL Birnendicksaft oder Honig, nach Belieben

Gerste waschen, mit Wasser und Gewürzen aufkochen, 90 Minuten köcheln lassen. Topfinhalt abseihen, Gerstensaft auffangen. Apfel- und Zitronensaft zugeben. Nach Belieben süßen.

Es ist, als ob Pina einen hohen Gast erwarten würde, für den nur das Beste und Schönste gut genug ist und für den sie sich von Kopf bis Fuß schön machen will. Die feierliche Stimmung der Erwartung ist etwas ganz Neues für sie.

Bananen-Kiwi-Smoothie

4 reife Bananen
3 Kiwis
2 dl / 200 ml Joghurt
4 EL flüssiger Honig
1 Prise Zimtpulver
ca. 1 dl / 100 ml Wasser

Bananen und Kiwis schälen, beides in Stücke schneiden, mit Joghurt, Honig und Zimt fein pürieren, so viel Wasser zufügen, bis der Smoothie die richtige Konsistenz hat.

Rezept Pfefferkugeln S. 66

Am Abend nach einem langen Arbeitstag gönnt sich Pina ein warmes Bad mit duftenden Essenzen. Mit einer für sie erstaunlichen Hingabe cremt sie ihre Füße ein und dankt ihnen für den unermüdlichen Einsatz. Behutsam und fragend streicht sie über ihre Arme und Hände. Wie hat sie so lange in ihrem Körper leben können, ohne ihn wirklich wahrzunehmen?

Kaffee mit Zimtschaum

für 1 Tasse
1 dl/100 ml Milch
1 Zimtstange
1 Tasse Kaffee
wenig Zimtpulver

Milch mit Zimtstange aufkochen, Zimtstange entfernen, heiße Milch mit Milchschäumer oder Schneebesen aufschäumen.
Zimtschaum auf den Kaffee geben, mit wenig Zimtpulver bestäuben.
Variante: Zimt durch Kardamom ersetzen.

15.
Dezember

Pina versucht, alles mit offenen Sinnen und Hingabe zu tun. Dabei macht sie eine erstaunliche Beobachtung: Je mehr sie ganz bei der Sache ist, desto mehr spürt sie feine Fäden, die sich mit ihrem Herzen verbinden. Die bedrückenden Wolken der Alltagssorgen und die Ängste werden kleiner und schaffen es nicht mehr so oft, über ihrem Land stehen zu bleiben und es zu verdunkeln.

Grüner Gewürztee

100 g Jasmin-Grüntee
3–4 cm Zimtstange
2 Gewürznelken
5 cm Vanilleschote, klein geschnitten
wenig Honig, nach Belieben

Zimt und Gewürznelken im Mörser zerstoßen, mit Vanille und Teeblättern mischen. In ein dunkles Glas mit Schraubverschluss füllen. 3 TL Teemischung mit 1 l kochendem Wasser übergießen, etwa 5 Minuten ziehen lassen. Abseihen. Nach Belieben süßen.

16.
Dezember

« Die neuen Wunder sind nicht aufsehenerregend. Ganz fein beginnen sie, alles zu verändern. Die Kunst ist, sie zu erkennen. Wenn du mit dem Herzen schaust, wirst du sie entdecken», raunt ihr das Herz zu.

Eierlikör-Punsch

7 dl/700 ml Milch oder Milchwasser
1 dl/100 ml Eierlikör
1 EL Honig, nach Belieben
½ TL Lebkuchengewürz
1 Bio-Orange, wenig Schale
Zimtpulver

½ l Milch, Eierlikör und Honig erhitzen, in Gläser füllen. Restliche Milch mit Lebkuchengewürz und Orangenschale erwärmen, die Orangenschale entfernen, Orangenmilch mit Milchschäumer/Mixstab aufschäumen, auf die Milch geben, mit Zimt bestäuben, nach Belieben mit Orangenschalen garnieren.

Rezept Schneeflocken S. 67

17.
Dezember

Pina zündet eine Kerze an, lässt sich vom goldenen Lichtschein umhüllen und entdeckt darin staunend die unendlich pulsierenden Farben des Regenbogens. Sie atmet ruhig, legt die Hände auf ihr Herz und lässt den Strom der Gedanken dahinziehen. Sie achtet nicht auf ihn, sondern lenkt ihre Aufmerksamkeit auf diesen neuen, unbekannten Raum in ihr drin, der auf so eigenständige Art lebendig ist.

Lavendelpunsch

1 l Wasser
1 Apfel
2 EL Lindenblüten
einige Lavendelblüten
Sanddornsirup, nach Belieben

Wasser und klein geschnittenen Apfel aufkochen, 5 Minuten köcheln lassen, dann den Topf vom Herd nehmen, Linden- und Lavendelblüten zugeben. 5 Minuten ziehen lassen, abseihen, mit Sanddornsirup süßen.

18.
Dezember

Pina will heute jemanden besuchen. Sie geht zu Fuß über das Feld. Da erinnert sie sich an ein Weihnachtslied aus der Kindheit. Es beginnt mit einem Ton, der aus der Tiefe aufsteigt, blau, weich fühlt er sich an, aber in ihrem Hals sitzt ein Kloß, der den Ton bedrängt. Das Lied tönt brüchig und hölzern. Pinas Unmut darüber lässt die Stimme noch mehr in sich zusammenfallen, so dass sie wie ein dünner, zittriger Strich in der Winterluft klingt. Wie sehr sie das ärgert! Wie sehr sie sich verurteilt! Sie selbst erlaubt sich nicht, so zu sein, wie sie sich gerade jetzt fühlt: klein und verloren. Alles an ihr müsste vollkommen sein. Zum Trotz lässt sie nun genau diesen kläglich brüchigen Ton weiterklingen. So ist die Wirklichkeit. An ihr vorbei führt kein Weg.

Grapefruitsirup mit Safran

1 rosa Bio-Grapefruit, Schale und Saft
2 dl / 200 ml Wasser
250 g Zucker
1 Döschen Safranfäden

Grapefruit waschen, Schale mit Sparschäler dünn abschälen, den Saft auspressen. Grapefruitschalen, Grapefruitsaft, Wasser und Zucker aufkochen, bei schwacher Hitze 15 Minuten kochen. Abseihen. Sirup in eine Flasche mit Schraubverschluss füllen, Safranfäden zufügen. Auskühlen lassen. Im Kühlschrank aufbewahren.

19.
Dezember

Ein Tag voller Widerstände, Unlust und Schwere. Weshalb können die Menschen sie so verletzen mit ihrer Falschheit und ihren lieblosen Worten? Weshalb darf sie nicht einfach im Frieden dieser Winterwelt ruhen und es Weihnachten werden lassen? Brennend lodert in ihr das Feuer eines uralten Schmerzes auf, der jetzt anklopft und eingelassen werden will. Die heißen Tränen fließen unaufhörlich, sie tragen all die aufgestauten Bitterkeiten mit sich fort, die das Herz belastet haben. Pina weint, bis sie vor Erschöpfung einschläft.

Heiße Schokolade

100 g Zartbitterschokolade, zerbröckelt
½ l Milch
½ l Wasser
1 Msp Zimt, nach Belieben
1 dl/100 ml Schlagrahm/-sahne
Zucker

Schokolade in der Milch bei schwacher Hitze auflösen. Wasser aufkochen und unter die warme Milch rühren, mit Zimt abschmecken. Schlagrahm und Zucker separat servieren.

Rezept Mailänderli S. 67

20.
Dezember

*D*er Schmerz hat sich verändert. Aus dem Kloß ist etwas Lebendiges geworden, das sehr der Katze gleicht, die sich anschmiegt und grummelnd schnurrt. Den Schmerz nicht verjagt zu haben, gibt ihr ein noch nie gefühltes Gewicht, das nicht einer Bremse, sondern einer Kraft gleicht. «Bist du das, worauf ich gewartet habe?», fragt Pina die Katzenkraft. «Oh nein, ich mache den Weg bereit für das, wonach du dich sehnst.»

Passionsfrucht-Orangen-Punsch

10 Passionsfrüchte
½ l Ananassaft
3–4 Bio-Orangen, abgeriebene Schale und ½ l Saft
50 g Butter

Passionsfrüchte quer halbieren, Fruchtfleisch auslöffeln und durch ein feines Sieb streichen, Saft in einem Kochtopf auffangen. Ananassaft, Orangensaft und Orangenschalen zugeben, erhitzen (nicht kochen), Butter unterrühren, abseihen. Warm servieren. Nach Belieben mit Orangenscheiben garnieren.

21.
Dezember

« *Wonach, mein Herz, sehne ich mich denn?» «Du sehnst dich nach der Liebe, Pina.»*
«Aber ich kenne sie doch, und sie hat mich nur enttäuscht und unglücklich gemacht.»
«Das war nicht die Liebe.»
«Trotzdem. Ich mach bei allem mit, nur nicht bei der Liebe!»
«Oh, dein Veto kommt zu spät. Ob du nun einen Menschen liebst oder den Hund des Nach-
barn, den du fütterst, ob dich der Gesang der Amsel zum Staunen bringt oder das
Sonnenglitzern im Tautropfen – das alles ist Liebe, ist alles dieselbe Liebe, und du bist schon
ganz erfüllt von ihr. Sie ist es, wofür du leben willst.»

Rosenblütenlassi

500 g Naturjoghurt
1 dl/100 ml Wasser
5–6 EL Rosenblütenwasser (Drogerie)
5 EL Akazienblütenhonig
1 Prise Kardamom, gemahlen

Alle Zutaten luftig aufmixen, in Gläser füllen.

22.
Dezember

Pina singt für sich und für die Wintererde ein Wiegenlied. Egal wie es tönt, es hat etwas Tröstliches. Sie erinnert sich an die Geschichte mit dem Stall und dem kleinen, frierenden Kind, das die Erde verändern sollte. «Ich bin dieses Kind. Und ich bin auch die lieblosen Wirte. Ich habe die ganze Zeit mich selbst zusammen mit meinem Herzen in die Besenkammer verbannt. Damit ist Schluss! Wenn schon Leben, dann wirklich und ganz!»

Haselnussdrink

8 EL geriebene Haselnüsse
4 dl / 400 ml Wasser
1–2 EL Rohrohrzucker
1 Beutel Vanillezucker oder
1 Msp gemahlene Vanille
2 dl / 200 ml Milch

Haselnüsse mit Wasser aufkochen, 10 Minuten zugedeckt köcheln lassen. Durch ein Sieb passieren, Flüssigkeit auffangen, Nüsse gut ausdrücken. Zucker, Vanille und Milch zur Nussflüssigkeit geben, kurz aufkochen. Heiß genießen.

23.
Dezember

Jetzt ist Pina leicht zumute. Die Dunkelheit, in der es die Sonne nur gibt, wenn man an sie denkt, hüllt sie ein wie ein schützender Mantel. Unter ihm fühlt sich das Herz an wie eine Rose, die am Erblühen ist und immer mehr Raum einnimmt. Pinas Schritte sind trotz der schweren Winterschuhe wie Frühlingsküsse für die gefrorene Erde, sind funkelnde Sterne auf dem weißen Kleid der Mutter von allem, was lebt.

Rooibos-Vanille-Chai

100 g Rooibostee
3 Vanilleschoten, klein geschnitten

Tee und zerkleinerte Vanilleschoten in ein dunkles Glas mit Schraubverschluss füllen. 3 EL Teemischung mit 1 Liter kochendem Wasser übergießen. 5 Minuten ziehen lassen. Abseihen. Mit wenig Rahm, Milch oder Reismilch servieren, nach Belieben mit Kandiszucker/Honig süßen.

Pina geht. Pina kommt an.
   Sie genießt und wartet nicht länger. Sie liebt und wartet nicht länger.
Wenn sie trinkt, dann trinkt sie. Und wenn sie lacht, dann lacht sie.
Manchmal wird sie zornig. Und manchmal ist sie traurig.
Ab und zu lädt sie einen Stern zu sich in ihr Herz ein.
Der Himmel berührt die Erde. Das ist wie Weihnachten.

Weihnachtspunsch

7 dl / 700 ml roter Traubensaft
1 Zimtstange
1 Zitronenscheibe
2 Gewürznelken
7 dl / 700 ml heißer Hagebutten- oder Fruchtschalentee
1 Orange, Saft
1 Orange, Fruchtstückchen
2 EL Honig, z. B. Orangenblütenhonig

Traubensaft und Gewürze aufkochen, 5 Minuten köcheln lassen,
zum heißen Tee abseihen. Orangenblütenhonig unterrühren,
Orangensaft und Orangenstückchen zugeben. Weihnachtspunsch
in Punschgläser füllen.

Es ist alles da

Pinas Blick kreuzt sich mit dem der Frau, die ihr entgegenkommt. Jemand schaut sie an. Zuerst sind es zwei leuchtende Sterne, die sie anstrahlen. Dann öffnet sich der Blick und die Augen werden zu Fenstern. Zwei Menschen begegnen sich. In diesem Moment ist das verloren geglaubte Land wieder da. Es ist durch die Offenheit ihrer Herzen entstanden, und sie beide sind für einen Augenblick in ihm miteinander verbunden.

Schokoladenknusperli

150 g Mandelstifte
400 g Zartbitter- oder Milchschokolade,
gehackt
100 g ungezuckerte Cornflakes

Die Mandeln in der Bratpfanne unter Rühren
rösten, auf einem Teller auskühlen lassen.
Die Hälfte der Schokolade im heißen Wasserbad
schmelzen. Die Schüssel herausnehmen,
restliche Schokolade unter Rühren in der
geschmolzenen Schokolade auflösen. Mandelstifte und Cornflakes unterrühren. Die
Masse mit einem Teelöffel portionieren und
in Pralinenförmchen oder auf ein
Backpapier setzen, fest werden lassen.

Nusssterne

200 g Rohrohrzucker
2 Eiweiß
250 g geriebene Haselnüsse oder Mandeln
1 unbehandelte Zitrone, abgeriebene Schale
und 2 EL Saft
½ TL Zimtpulver
geriebene Nüsse oder Zucker, zum Formen

Zucker und Eiweiß gut verrühren, übrige
Zutaten unterrühren. Teig zugedeckt
30 Minuten ruhen lassen. Mit Hilfe von Nüssen
oder von Zucker Kugeln formen, im vorgeheizten Backofen bei 175 °C 15 Minuten backen.

Sternschnuppen

250 g Butter
200 g Zucker
1 Briefchen Vanillezucker
½ TL Salz
350 g Weißmehl

Die Butter in einer Pfanne bei schwacher Hitze unter
Rühren langsam bräunen. In eine genügend große
Schüssel gießen, fest werden lassen. Butter und braunen
Bodensatz, Zucker, Vanillezucker und Salz cremig
aufschlagen, Mehl unterrühren. Mit Hilfe eines Back-
papiers aus dem Teig 2 Rollen formen, 1 Stunde
kühl stellen. Teigrollen in 1 cm dicke Scheiben schneiden,
auf ein mit Backpapier belegtes Blech legen, Sternschnuppen in der Mitte des auf 175 °C vorgeheizten Ofens
etwa 12 Minuten backen. Sorgfältig mit dem Papier
vom Blech ziehen und erkalten lassen.

Rosinentau

125 g weiche Butter
100 g Zucker
1 Ei
125 g Rosinen
1 Briefchen Vanillepulver
1 Msp Backpulver
200 g Weißmehl

Butter luftig aufschlagen, zuerst Zucker,
dann Ei, Rosinen und Milch darunterrühren.
Backpulver und Mehl mischen, löffelweise
zur Buttermasse geben, zu einem Teig formen.
30 Minuten ruhen lassen. Kugeln formen
und mit genügend Abstand auf ein Backblech
legen. Wenn möglich einige Stunden kalt
stellen. 10 bis 15 Minuten bei mittlerer Hitze
backen.

Schoko-Datteln

40 Datteln
40 Baumnuss-/Walnusshälften oder Mandeln
75 g Zartbitterschokolade, zerbröckelt
60 g Butter
Pralinenpapierförmchen

Datteln auf einer Längsseite aufschneiden, Stein
entfernen, Nüsse hineindrücken. Schokolade
in einem Schüsselchen im Wasserbad schmelzen,
Butter unterrühren. Datteln bis zur Hälfte in
die Schokolade tauchen, in die Pralinenpapierförmchen legen.

Schokoladeherzen

3 Eiweiß
250 g Rohrohrzucker
250 g geriebene Mandeln
250 g Zartbitterschokolade, zerbröckelt
je 1 Msp Zimt- und Nelkenpulver

geriebene Mandeln, zum Ausrollen

Schokolade in einem Schüsselchen im Wasserbad schmelzen. Eiweiß mit Zucker schlagen, bis das Eiweiß weiß ist. Mandeln, Schokolade und Gewürze unter das Eiweiß rühren. Schokoladeteig im Kühlschrank zugedeckt 30 Minuten ruhen lassen. Teig auf den Mandeln portionsweise 8 mm dick ausrollen, Herzen ausstechen, auf ein mit Backpapier belegtes Blech legen, 30 Minuten oder länger kühl stellen. Herzen im vorgeheizten Ofen bei 175 °C 15 Minuten backen.

Pfefferkugeln

3 Eier
7 EL Akazien- oder Lindenblütenhonig
250 g Vollkornmehl
2 EL Olivenöl extra vergine
100 g geriebene Baum-/Walnüsse oder Mandeln
½ TL Zimtpulver
1 Msp Nelkenpulver
1 Msp gemahlener Pfeffer
wenig geriebene Muskatnuss
1 unbehandelte Zitrone, abgeriebene Schale
Baum-/Walnüsse oder Mandeln, für die Garnitur

Eier und Honig zu einer luftigen Masse aufschlagen. Mehl, Nüsse, Gewürze und Zitronenschale zugeben, zu einem glatten Teig rühren. Teig über Nacht zugedeckt ruhen lassen. Aus dem Teig kleine Kugeln formen. In jede Kugel eine Nusshälfte drücken, auf ein mit Backpapier belegtes Blech legen. In der Mitte des vorgeheizten Backofens bei 175 °C 20 bis 25 Minuten backen.

Schneeflocken

100 g Kokosnussraspel
1 EL Akazienblütenhonig
1 Bio-Orange, abgeriebene Schale und
wenig Saft
100 g weiße Schokolade, zerbröckelt
geriebene Kokosnussflocken, zum Wenden

Kokosnussraspel mit Honig und Orangenschale mischen. Weiße Schokolade in einem
Schüsselchen im heißen Wasserbad langsam schmelzen, unter die Kokosmasse rühren.
Wenn die Masse zu trocken ist, ein wenig
Orangensaft zugeben. Kleine Kugeln formen,
im Orangensaft und in den Kokosnussflocken wenden. In Pralinenförmchen legen.

Mailänderli

250 g weiche Butter
250 g Zucker
3–4 Eier
1 Prise Salz
1 unbehandelte Zitrone, abgeriebene Schale
400–500 g Weißmehl, je nach Größe der Eier
2 Eigelbe

Butter luftig aufschlagen, Zucker, Eier, Salz und Zitronen-
schale unterrühren. Mehl zugeben, zu einem weichen
Teig zusammenfügen. Zugedeckt 1 Stunde kühl stellen.
Den Teig 5 mm dick ausrollen, Herzen oder Sterne
ausstechen, auf ein mit Backpapier belegtes Blech legen.
Eigelb mit ein paar Tropfen Wasser verflüssigen,
Mailänderli damit bestreichen. Im vorgeheizten Ofen
bei 180 °C etwa 10 Minuten backen.